AF496291

COMMUNICATION A MES AMIS

J'adressai, le 19 mars 1876, à Messieurs les vicaires capitulaires, pendant la vacance du siége, le mémoire que voici :

I

M. Puel m'a écrit, le 29 février 1876 (1) :

« Une absence de quelques jours et des occupations un peu pressantes m'ont forcé à retarder ma réponse à votre lettre du 22 de ce mois. Au reste, pour m'en tenir à l'avis de mes deux collègues, je n'en dirai pas bien long.

» Ladite lettre ne couvre que faiblement, contre M. le curé de Convers, une rancune qui sied mal à un cœur de prêtre, et au tort que vous vous donnez de la nourrir

(1) J'avais écrit à M. Puel, pour lui signaler un fait dont je croyais avoir le droit de me plaindre; le fait ayant été nié, je lui écrivis de nouveau pour lui en donner des preuves que je croyais bonnes.

en vous, vous ajoutez celui de la fomenter dans d'autres; ceci nous est tout aussi évident que certain défaut de M. C...

» Vous voulez, à tout prix, vous défaire de votre curé, parce qu'il vous est incommode. Mais, Monsieur l'abbé, pourriez-vous affirmer que M. votre frère eût toujours lui-même à se féliciter de votre voisinage? Et pourquoi le souvenir de son endurante charité ne vous serait-il pas utile?

» L'administration n'a plus, pour le moment, qu'un mot à vous dire : c'est qu'elle ne cèdera ni à vos exigences, ni aux caprices des mécontents de Convers.

» Recevez...

Je crois aux grands-vicaires beaucoup de droits, mais je leur crois des devoirs aussi. Je répondis à M. Puel :

« J'ai laissé passer un peu de temps avant de vous répondre; si ma réponse avait été sur le même ton que votre lettre, j'aurais eu à le regretter.

» Vos collègues ont été d'avis que vous ne m'en disiez pas long, je le crois, mais je ne puis pas croire qu'ils aient été d'avis que vous me disiez ce que vous me dites.

» Je vous signale un fait que je dois vous signaler. On le nie, je vous en donne les preuves. Ces preuves, vous pouvez les dire bonnes ou mauvaises; mais vous ne vous occupez pas de cela; vous ne croyez avoir qu'à me dire : *Votre lettre ne cache que faiblement contre M. le curé de Convers une rancune qui sied mal au cœur d'un prêtre, et, au tort que vous vous donnez en la nourrissant en vous, vous ajoutez celui de la fomenter dans d'autres.*

» Je dois me souvenir que vous êtes grand-vicaire, mais vous, vous deviez vous souvenir que vous parliez à un prêtre et à un prêtre plus âgé que vous. Vous me déclarez avec autorité coupable de deux grandes fautes. Sur quels faits? — Toujours est-il que vous ne m'avez pas mis à même de les discuter. Tout homme peut mal juger. L'indignation la mieux justifiée peut être prise pour de la *rancune;* la défense la plus légitime pour une *misérable campagne* agressive, mais je ne croyais pas qu'il existât, dans notre temps, un juge qui eût la prétention de faire prendre ses jugements au sérieux, quoiqu'il les portât sans information sérieuse.

» Votre sentence a un autre vice capital. Je suis convaincu que vous vous êtes donné, contre mon frère et contre moi, des torts plus graves que M. C...; cette conviction, non-seulement je vous l'ai laissé voir, mais je vous l'ai montrée, donc vous êtes partie dans un débat où vous vous établissez si lestement juge.

» Il y a dans votre lettre quelque chose de plus révoltant que ce que j'en ai rapporté; vous me dites : « Pourriez-vous affirmer que votre frère lui-même eût toujours à se féliciter de votre voisinage? Et pourquoi son endurante charité ne vous serait-elle pas utile?

» La première de ces deux questions soulève en moi un sentiment que je contiens difficilement. Je me contente de vous répondre: Oui, Monsieur, je puis affirmer que mon frère eut toujours à se féliciter de mon voisinage; non-seulement je puis l'affirmer, mais encore en fournir les preuves et convaincre de calomnie celui qui dira le contraire.

» Vous avez raison en un endroit de votre lettre : Oui, mon frère avait une *charité endurante,* et pourtant vous vous donnâtes à son égard des torts si intolérables, qu'il crut de son devoir de porter plainte contre vous à Mgr l'Archevêque. Vous essayâtes de vous blanchir de ces torts, dans une lettre de laquelle Mgr Lyonnet me disait : *Je n'aurais jamais écrit une pareille lettre au prêtre que j'aurais voulu le plus maltraiter.* Il faut que vous conserviez bien peu la conscience de vos actes passés, pour rappeler, comme vous faites, le souvenir de mon frère (1).

(1) Le 29 mars 1873, mon frère écrivait à Mgr l'Archevêque : « M. l'abbé Bertrand, mon vicaire, est allé réclamer auprès de M. l'abbé Puel, votre nouveau grand-vicaire, un petit traitement de 150 fr. qui lui avait été promis par une lettre officielle de M. l'abbé Vergne, votre grand-vicaire d'heureuse mémoire.

» A cette occasion, M. Puel a tenu à mon vicaire un langage qui m'afflige et que je ne puis m'empêcher de faire connaître à Votre Grandeur. Il a dit : « Il est indigne qu'un vieux curé qui ne » peut plus desservir sa paroisse et qui n'a pas de quoi payer un » vicaire ne donne pas sa démission, et qu'il veuille se nourrir » du lait des brebis qu'il ne peut plus paître. »

» Me voilà donc, Monseigneur, montré à mon vicaire comme un prêtre qui se rend coupable d'une indignité. Est-ce bien propre à m'attirer son respect? M. le grand-vicaire n'a pas sans doute réfléchi qu'en parlant de la sorte, il accusait votre Grandeur et son Conseil de coopérer à mon indignité, en me laissant mon titre et me donnant un vicaire. Non, je n'ai pas de quoi payer ce vicaire, et je m'en fais honneur; mais faudra-t-il pour cela qu'à l'âge de soixante-douze ans et après avoir desservi, aussi bien que j'ai pu, ma paroisse pendant quarante-sept ans, je donne ma démission et que j'aille à l'hôpital? N'est-il pas naturel que je veuille mourir curé d'une paroisse que j'aime et dont je suis aimé? Je vous le demande, Monseigneur, et j'ai l'honneur d'être, etc. »

Le 1er avril suivant, M. Puel écrivait à mon frère : « Mgr l'Archevêque me charge de vous accuser réception de votre lettre, en date du 29 mars.

» Sa Grandeur et mes collègues trouvent que vous avez mis bien de la précipitation à me juger, et je m'étonne moi-même que vous m'ayez si gratuitement condamné. Je n'ai pas parlé d'*indignité*, il n'a pas été non plus question de *pasteurs se nourrissant du lait des brebis qu'ils ne peuvent plus paître.* J'ai même quelque difficulté à croire que M. votre vicaire m'ait prêté un tel langage, j'incline plutôt à penser que, dans cette circonstance, vous avez manqué un peu de cette réflexion que vous auriez souhaitée de moi. Veuillez, etc. »

Je portai cette lettre à Mgr Lyonnet, qui me répondit : *Il n'a pas été dit un mot de blâme contre votre frère, on n'a fait que son éloge, voulez-vous que je lui écrive de ma main pour le lui affirmer?*

M. Puel avait donc oublié ce qui s'était passé dans le Conseil. Quant aux propos qu'il niait et qu'il accusait mon frère d'avoir

« L'administration, me dites-vous, *ne cédera ni à vos exigences, ni aux caprices des mécontents de Convers.* Vous étant refusé à toute espèce d'enquête, vous ne pouvez pas employer ces mots *exigences* et *caprices* sans témérité. La phrase que vous m'écrivez là, je la savais depuis longtemps; on a fort colporté les assurances de protection que vous avez données à M. C... Du reste, vous avez commis, comme administrateur, seulement dans l'affaire de la fabrique, tant de fautes par complaisance pour M. C..., que sa cause est devenue la vôtre. Personne ne peut douter que vous ne mettiez toute votre énergie à la soutenir.

» Nous aurons un juge qui, avant de juger, voudra connaître, entendre le pour et le contre. Je vous porterai le défi de citer devant lui un fait qui justifie votre lettre. Je n'ai jamais fait contre M. C... que me défendre.

« Recevez... »

M. le grand vicaire Caysac m'écrivit le 10 mars :

« Je comprends que vous ayez voulu vous justifier des torts qui vous étaient reprochés, mais je regrette que le ton donné à votre justification manque de respect à l'égard de l'administration (1)......................

....

» Je regrette surtout, avant de terminer ma lettre, d'avoir à vous reprocher ces paroles à M. l'abbé Puel : *Vous avez commis, seulement dans l'affaire de la fabrique, comme administrateur, tant de fautes par complaisance pour M. C..., que sa cause est devenue la vôtre, personne ne doute que vous ne mettiez toute votre énergie à la soutenir.* Ces paroles sont

inventés, M. l'abbé Bertrand, qui les avait rapportés, lui fit offrir d'aider ses souvenirs en présence de Mgr l'Archevêque. M. Puel n'accepta pas cette offre.

(1) Je ne m'adressai qu'à M. Puel personnellement.

un manque de respect et si injurieuses pour un supérieur, qu'on ne peut en dissimuler la gravité.

» Je vous assure que c'est avec un regret bien senti que nous vous défendons de prêcher et de confesser dans ce diocèse (1).

« Recevez... »

Je répondis à M. Caysac :

« J'ai l'honneur de vous accuser réception de votre lettre du 10 de ce mois.

» Nous nous devons mutuellement le respect : Vous avez jugé en votre conseil, dont fait partie M. Puel, que, dans la correspondance qui a été échangée entre lui et moi, c'est moi qui ai manqué à ce devoir de respect mutuel, bien que M. Puel m'ait adressé, le plus crûment et le plus gratuitement possible, un des plus forts reproches qui puissent être adressés à un homme, et qu'il ait voulu me frapper dans le sentiment le plus précieux de mon âme que le deuil devait lui rendre plus sacré.

» Il me semble que ce que vous deviez faire d'abord,

(1) Cette conclusion était précédée d'un paragraphe après lequel il me semble qu'elle doit paraître étrange. M. Caysac me disait : « Je pense que vous n'ignorez pas toute l'estime et toute l'affection que j'ai toujours professées pour votre frère, et avec quel plaisir je l'ai toujours placé au nombre de nos prêtres les plus respectables par leur instruction et leurs vertus sacerdotales. Il ne faut en parler que pour bénir sa mémoire. Vous réglant sur ses exemples, veuillez faire en sorte d'oublier ce qui s'est passé et de rétablir la paix afin que vous soyez tranquille et que la paroisse de Couvers redevienne ce qu'elle était, religieuse et édifiante pour ses voisines. » Le paragraphe était suivant la conscience et le cœur de M. Caysac, j'en suis sûr ; quant à la conclusion, je ne doute pas qu'elle ne lui ait été imposée. Comment expliquer autrement que dans la même lettre, où m'est adressée cette cordiale exhortation à l'oubli de ce qui s'est passé, me soit signifié un interdit tout de nature à raviver le souvenir des torts qu'on s'est donnés contre mon frère et contre moi ? L'interdit a été d'abord et est demeuré toujours, à mes yeux, le fait personnel de M. Puel.

c'était de me mettre en demeure d'expliquer ou de prouver l'assertion qui a si fort offensé votre collègue.

» Quoi que je puisse penser de votre jugement, je n'ai garde d'élever aucune difficulté contre le pouvoir dont vous usez en me défendant de confesser et de prêcher. Aussi, immédiatement après la lecture de votre lettre, j'ai répondu à une invitation qui m'avait été faite de prêcher le Jubilé : *Je ne puis pas...*

» Recevez... »

II

Vous avez sous les yeux les lettres de M. Puel, de M. Caysac et la mienne ; il est évident que, si les paroles que j'ai adressées à M. Puel sont vraies, j'avais le droit de les lui adresser, surtout y étant provoqué comme je l'étais.

Tout ce que j'ai donc à faire pour me justifier, c'est de prouver que M. Puel a, en effet, commis, comme administrateur, dans l'affaire de la fabrique de Convers, une foule de fautes par complaisance pour M. C... Je vais le faire ; je crois avoir de quoi satisfaire les plus exigeants en fait de preuves.

M. Puel a demandé à M. le Ministre que la fabrique de Convers fût cassée. Pourquoi l'a-t-il demandé ? parce qu'il croyait que cette fabrique était irrégulière ? Non, car il laisse tranquillement exister beaucoup de fabriques qui sont irrégulières. La seule réponse à la question posée est celle-ci : Parce que tel était le désir de M. C... Est-il quelqu'un qui puisse croire que, si la fabrique de Convers était restée au gré de M. C..., M. Puel en eût demandé la dissolution ?

M. Puel savait qu'en provoquant la mesure qu'il provoquait, il travaillait à faire dire officiellement que mon frère avait été ignorant ou négligent dans la direction de sa paroisse. Il passa par-dessus le respect qu'il devait à un curé que M. Caysac, selon qu'il me l'a écrit, *plaçait au nombre des prêtres du diocèse les plus respectables par leur instruction et leurs vertus sacerdotales.* N'est-ce pas une grande complaisance pour M. C...?

M. C. avait contre lui trois membres de la fabrique, parmi lesquels le président; c'était la majorité, car le nombre des membres n'est en réalité que de six, le maire n'assistant jamais aux séances. Un des opposants était Isidore Teysseyre dont l'élection, qui datait de trois ans, était inscrite dans les registres en ces termes : Elu en remplacement de T..., *démissionnaire.* Les registres étaient signés par tous les fabriciens, y compris feu M. Marty. M. C..., voulant se refaire une majorité, tenta d'abord, non pas de faire révoquer la fabrique, mais seulement d'en exclure Teysseyre et d'y rappeler T... Il écrivit à M. Puel que T... n'avait pas fait sa démission. M. Puel lui répondit aussitôt : « Il est évident que le sieur T... n'ayant pas fait sa démission, n'a pas pu être remplacé au Conseil de fabrique de votre église par Isidore Teysseyre, que dès lors celui-ci n'a aucun droit au sein dudit Conseil (1). »

Cette lettre n'est-elle pas une complaisance pour M. C...? On ne peut le nier sans admettre, ce qui est plus grave, quand il s'agit d'un grand vicaire, que M. Puel ignore ce qu'il y a de plus élémentaire dans toute administration, ce que le plus simple bon sens enseigne, à savoir qu'un acte officiel dûment signé fait foi, au moins jusqu'à preuve contraire.

M. C... se hâta de donner communication de la décision

(1) 12 avril 1873.

de l'autorité à Isidore Teysseyre, et convoqua T... à la séance prochaine du Conseil de fabrique. Isidore Teysseyre lui répondit : *Je suis en possession depuis trois ans, les registres attestent que mon élection a été légitime, elle n'a jamais été l'objet d'aucune protestation ; votre seule parole ne peut pas suffire contre cela. Je me présenterai au Conseil de fabrique.* T... s'y présenta aussi, M. le Maire, M. de Gelis y vint, par extraordinaire, pour essayer de rétablir la paix, il l'essaya vainement.

L'amour-propre de deux familles considérables dans la paroisse avait été mis en jeu, évidemment par la faute de M. Puel voulant complaire à M. C... (1).

M. Puel fut fort irrité contre les fabriciens de Convers, par la lettre de Teysseyre qui lui donnait une leçon. Il me dit un jour : « Ces fabriciens se feront briser ; je suis arrêté par le respect dû à la mémoire de votre frère, mais ils se feront briser. » En l'entendant, il me sembla entendre le supérieur du petit séminaire dire à des enfants : *Si vous raisonnez, je vous mets à la porte.* Je lui répondis : J'espère que, si vous demandez la dissolution de la fabrique de Convers où vous reconnaissez que la mémoire de mon frère est intéressée, vous me ferez connaître votre rapport avant de l'envoyer, afin que nous puissions nous défendre. Je crus comprendre qu'il m'en faisait la promesse. N'entendant plus parler de ce projet, qui ne pouvait être conçu que dans un moment de colère, parce qu'il allait évidemment à rendre M. C... impossible dans sa paroisse ; je me mis à penser que M. Puel n'en avait

(1) Que de pauvres curés portent la peine de fautes dont sont coupables des grands vicaires incapables ! M. C... croyait que, pour qu'une démission de fabricien soit valide, il est nécessaire qu'elle soit écrite. M. Puel, qui savait ou devait savoir le contraire, aurait dû lui dire la vérité, et, au lieu de l'encourager, l'arrêter dans une entreprise malheureuse.

parlé que dans un but d'intimidation. Je gardai cette illusion jusqu'au jour où j'appris inopinément que la fabrique était en effet cassée, et que M. le Curé avait proclamé en chaire les trois membres à la nomination de l'archevêque; c'étaient les deux anciens fabriciens qui étaient pour lui et de plus T...

L'effet produit par cette proclamation est exprimé dans la lettre suivante, qui fut aussitôt envoyée à l'archevêché (1).

« Monseigneur,

» Nous entendons souvent répéter, quand nous allons dans les villes, que ceux qui pratiquent la religion ne valent pas plus que les autres.

» Vous semblez avoir donné raison aux paroles qui nous scandalisaient, en nommant fabricien T... qui n'assiste jamais aux offices de notre église, peut-être deux ou trois fois en quatre ou cinq ans. Oh! nous n'entendons pas attaquer son honnêteté, nous trouvons seulement que le choisir, lui, pour fabricien, dans notre paroisse si pratiquante, et, afin de le faire entrer dans notre Conseil de fabrique, en exclure Isidore Teysseyre, un des hommes les plus honorés de la paroisse et le plus assidu aux offices divins, c'est un scandale.

» Nous voudrions pouvoir penser que cela a été fait par surprise, mais tout le monde sait parfaitement que T... ne paraît pas dans notre église. Ce fait est d'autant plus frappant qu'il est unique dans notre paroisse. M. Puel le savait, il a dit aux cinq signataires de cette lettre, à Albi : « *T... ne peut pas être fabricien; s'il l'était, il faudrait le destituer.* »

(1) 1er novembre 1875.

Aucune réponse ne fut faite à cette lettre. Que répondre? Si M. le Préfet avait choisi pour fabricien le seul homme d'une paroisse qui ne va pas à l'église, on aurait crié contre l'esprit irréligieux des fonctionnaires de notre temps, et, d'après Mgr Affre, on aurait pu lui contester le pouvoir de faire un pareil choix. Or, c'est l'autorité ecclésiastique qui a fait ce choix!

Voilà assurément une faute. Pourquoi M. Puel, qui conduisait les affaires de Convers, l'a-t-il commise?

Si énorme que soit cette faute, force nous est d'ajouter qu'elle a été commise avec opiniâtreté. Nous avons vu comment M. C... avait déjà tenté de faire entrer T... dans le Conseil de fabrique, en attaquant l'élection d'Isidore Teysseyre qui datait de trois ans; comment M. Puel avait déclaré, malgré l'évidence, que cette élection était nulle; comment Isidore Teysseyre avait montré le vice de la décision qu'on s'était empressé de lui communiquer, et avait résisté. Afin d'obtenir le succès manqué alors, M. Puel n'a pas hésité à demander la dissolution de toute la fabrique de Convers, et à compromettre le droit épiscopal de nomination dans la constitution de la nouvelle fabrique. — Et il m'a interdit de prêcher dans le diocèse parce que je lui ai écrit que, dans cette affaire, il a commis des fautes!!!

M. le Préfet, sur la proposition de M. le Maire, prit dans l'ancienne majorité les deux membres qu'il avait le droit de nommer, c'étaient Faget et Teysseyré. Aussitôt qu'ils eurent reçu leur nomination, ils écrivirent à l'archevêché :

« La fabrique de Convers a été cassée sans avoir été appelée à se défendre ; on nous avait dit souvent que personne, dans notre temps, n'est jugé, à plus forte raison exécuté, de cette sorte.

» Nous venons vous prier de nous dire, au moins maintenant que le fait est accompli, quel est le manquement grave que nous avons commis.

» Voici tout ce que nous savons : Notre nouveau Curé nous demanda, en arrivant, de l'argent pour des réparations locatives au presbytère, nous lui votâmes 50 fr.; ayant appris plus tard que la fabrique n'est pas obligée à ces sortes de dépenses, nous déclarâmes, sans revenir toutefois sur notre vote antérieur, que nous n'en voterions plus. M. le Curé nous déclara, de son côté, qu'il nous ferait casser et nous avons été cassés.

» Vous avez nommé les trois membres que M. le Curé a voulus, ces trois membres sont président, trésorier, secrétaire, et forment exclusivement le bureau. M. le Préfet a pris dans l'ancienne majorité les deux membres qui étaient à sa nomination, ce sont vos humbles serviteurs qui vous écrivent. Le but que poursuivait M. le Curé est atteint, il a la majorité pour lui, ses volontés seront faites.

« Nous n'en doutons pas, vous voudrez bien nous dire d'après quel décret, loi ou ordonnance, nous avons été cassés, sinon, en qualité d'anciens fabriciens, au moins en qualité de fabriciens renommés, nous avons le droit de le savoir. Il faut bien que nous sachions comment nous devons nous y prendre pour ne pas nous attirer encore le sort que nous avons subi.

» On nous a dit en général que les élections de notre fabrique étaient irrégulières. Mais, en quoi consiste cette irrégularité? Quelles sont les irrégularités qui sont une cause de nullité? Comment de telles irrégularités peuvent-elles exister, puisque Mgr l'Archevêque doit contrôler les élections et suppléer à ce qu'elles ont de défectueux?

» Nous sommes disposés à nous soumettre aux lois, décrets et ordonnances qui nous frappent; mais, de grâce, faites-nous-les connaître, afin que nous puissions éviter de tomber de nouveau sous les mêmes coups. Si

M. le Curé est seul à les connaître, il aura toujours entre les mains le moyen de se débarrasser de nous, l'administration ecclésiastique négligeant le devoir de surveillance que le législateur lui a imposé (1). »

Les administrations répondent toujours à une lettre d'affaires; Faget et Teysseyre avaient, dans la circonstance présente, trois fois le droit d'obtenir une réponse; ils ne l'obtinrent pas, quoiqu'ils revinssent plusieurs fois à la charge, annonçant, la dernière fois, que si l'administration ecclésiastique refusait de leur dire ce qu'ils avaient besoin de savoir, ils auraient recours à M. le Préfet, ce qu'ils firent. M. le Préfet leur répondit. Dès qu'ils eurent reçu sa réponse, ils adressèrent à l'archevêché la lettre que voici :

« Monseigneur,

» Nous vous avons écrit pour vous prier de nous faire connaître les motifs qui ont amené la dissolution du conseil de fabrique de l'église de Convers.

» Vous ne nous avez pas fait l'honneur de nous répondre.

» Nous nous sommes adressés à M. le Préfet, qui nous a transmis, par M. le sous-préfet, la réponse suivante :

« M. Faget (Jean) m'a demandé avec le sieur Teysseyre de lui faire connaître quels sont les motifs qui ont amené la dissolution du conseil de fabrique de l'église de Convers.

» Je vous prie de l'informer que le renouvellement

(1) Il est évident que, par la dissolution de la fabrique qu'il demandait, M. Puel faisait dire officiellement, non-seulement que M. Marty avait été ignorant ou négligent dans la direction de sa paroisse, mais encore que l'archevêque n'avait pas mieux rempli son devoir. Rien ne l'a arrêté.

partiel du conseil de fabrique n'ayant pas eu lieu aux époques fixées par les art. 7 et 8 du décret du 30 décembre 1809, il a dû être procédé au renouvellement intégral du conseil, ainsi que le prescrit l'art. 1er de l'ordonnance royale du 12 janvier 1825. »

» C'est à vous, Monseigneur, qu'il nous semble devoir adresser d'abord les observations que nous avons à faire sur cette lettre.

» Nous croyons que l'art. 1er de l'ordonnance de 1825 n'a en vue que le présent et n'établit aucune prescription pour l'avenir. L'exposé des motifs de cette ordonnance ne peut, ce nous semble, laisser là-dessus aucun doute. Il y a dans cet exposé une grande franchise. On n'est pas content, en 1825, des fabriques qui existent; « elles ont été formées en 1809, dans un esprit peu favorable à la légitimité et même à la religion »..... « L'intérêt politique et religieux semblent donc commander une mesure qui, sans blesser les individus, puisse rendre cette partie de l'administration plus facile en plaçant les curés et desservants en rapport avec ceux de leurs paroissiens qui se distinguent le plus par leur piété et leur royalisme. »

» Le moyen de changer les fabriques sans blesser les individus, on voudrait le trouver dans la non exécution des art. 7 et 8 du décret de 1809; mais dans ces articles il est dit que, « lorsque le remplacement ne sera point fait à l'époque fixée, l'évêque ordonnera qu'il y soit procédé dans le délai d'un mois, passé lequel délai, il y nommera lui-même. » Les promoteurs de l'ordonnance n'osent pas admettre que les fabriques puissent être révoquées à cause de la négligence des évêques; ils disent bien « que, pendant les années qui ont précédé la Restauration et pendant la longue vacance d'un grand nombre de siéges épiscopaux, les conseils de fabrique ont négligé de se renouveler, sans que le droit de l'évêque ait pu s'exercer, » mais cette impossibilité où ont été les évêques de suppléer par des nominations les élections omises, impossibilité qu'on ne peut plus mettre en avant, ne leur paraît pas un motif suffisant pour révoquer les fabriques. Ils invoquent l'intérêt politique et religieux pour faire décider :

« 1° *Que, dans toutes les églises où le conseil de fabrique et le bureau des marguilliers n'ont pas été régulièrement renouvelés, aux époques déterminées, il sera immédiatement procédé à une nouvelle nomination ;*

» 2° *Qu'à l'avenir, et un mois après que le conseil aura négligé de procéder au renouvellement de ses membres, l'évêque nommera lui-même lesnouveaux fabriciens.*

N'est-il pas évident que l'art. 1er ne contient qu'une mesure que des circonstances particulières rendent nécessaire et non pas une prescription pour l'avenir?

» A l'avenir, dans l'esprit des auteurs de l'ordonnance, il ne pourra jamais être question de renouveler des fabriques où les élections partielles ont été négligées, car ils ne doutent pas que l'évêque, les élections étant négligées, ne nomme de nouveaux fabriciens.

» Tout repousse l'idée que l'art. 1er contienne une prescription pour l'avenir. L'art. 5 dit : « Un conseil de fabrique pourra être révoqué pour défaut de présentation du budget ou de reddition des comptes, lorsque ce conseil, requis de remplir ce devoir, aura refusé de le faire, ou pour toute autre chose grave. » Est-ce que l'omission des élections partielles, par ignorance ou par simple négligence, peut être placée parmi les choses graves? Si l'ordonnance avait voulu en faire un motif de révocation, n'aurait-on pas exigé, ce qu'on exige quand il s'agit de la reddition des comptes, la mise en demeure de remplir ce devoir?

» L'ordonnance donne à l'évêque seul le droit de demander la révocation d'une fabrique; on ne peut pas admettre qu'elle ait voulu faire de la simple omission des élections partielles, une cause de révocation sans admettre qu'elle aurait supposé que l'évêque pourrait venir dire au ministre : Je vous demande la révocation de cette fabrique, parce que j'ai négligé, pendant six ans, des élections que je devais faire dans le délai d'un mois ; évidemment les auteurs de l'ordonnance n'ont pas supposé cela, car cela est trop laid.

» Alors même que l'art. 1er de l'ordonnance de 1825 prescrirait de procéder au renouvellement intégral d'un conseil de fabrique, parce que le renouvellement partiel de ce conseil n'aurait pas eu lieu aux époques fixées par les art. 7 et 8 du décret de 1809, nous croyons qu'il n'y aurait pas eu de motif de procéder au renouvellement intégral de notre fabrique. Le renouvellement partiel s'y est toujours fait régulièrement; M. C. nous a reproché seulement de n'avoir pas inscrit dans les registres nos élections. Il est vrai que nous n'y avons pas toujours inscrit nos réélections, nous nous contentions d'y inscrire les élections nouvelles; ainsi, on y lit (1873) : Isidore Teysseyre, élu à la place de Tibbal, *démissionnaire.* Cette élection-là au moins est très-régulière; et précisément c'est Isidore Teysseyre qui est exclu de la fabrique.

Nos réélections ne sont pas inscrites dans nos registres, soit ; mais nous ne voyons nulle part qu'il soit nécessaire, sous peine de nullité, de les y inscrire. Nous avons, pour croire que cela n'est pas nécessaire, un fait qui nous paraît concluant : c'est votre conduite, Monseigneur.

» L'évêque doit s'assurer que les élections ont été faites et bien faites, puisqu'il doit, si elles n'ont pas été faites et bien faites, les remplacer par des nominations. Si vous ne pouviez apprendre que par les registres ce que vous avez l'obligation de savoir, évidemment vous demanderiez à voir les registres; or, vous ne le faites jamais.

» Il y a, dans la feuille du budget disposée par Votre

Grandeur, une page avec ces titres : *Composition de la fabrique. Date de sa dernière organisation. Noms et prénoms des membres. Date de l'élection ou de la réélection. Observations de Monseigneur.*

» Vous ne croyez avoir besoin que de voir les indications mises dans cette page ; vous croyez donc qu'elles suffisent pour constater que les élections ou réélections ont été faites et bien faites ; lorsque cette feuille nous revient sans aucune observation de votre part, la fabrique doit être tranquille.

» Nous sommes donc convaincus que, dans la demande de la dissolution de notre fabrique, il s'est fait deux erreurs : une erreur de droit consistant à dire que l'ordonnance de 1825 prescrit le renouvellement d'un conseil de fabrique qui a négligé de se renouveler partiellement aux époques fixées ; une erreur de fait consistant à dire que les élections partielles de notre fabrique n'ont pas été faites régulièrement.

» Au cas où nous nous tromperions, Monseigneur, nous vous serions très-reconnaissants si vous aviez la condescendance de nous le montrer.

» Dans l'exposé des motifs de l'ordonnance qu'on invoque contre nous, nous avons vu une chose qui nous a fort étonnés ; il y est dit : « Les fabriques avaient anciennement, pour base, une espèce d'assemblée primaire où étaient appelés tous les paroissiens. L'on a senti le danger de pareilles assemblées, et les articles du décret du 30 décembre 1809, relatifs à la composition du conseil et du bureau des marguilliers, prescrivent un mode différent pour procéder à l'élection. » Nous trouvons que ce qui se faisait autrefois vaut mieux que ce qui se fait aujourd'hui ; c'est peut-être parce que nous ne connaissons que notre paroisse. Nous sommes sûrs que les habitants de Convers auraient fait une élection qui, sinon au point de vue du *royalisme*, au moins au point de vue de la *piété*, comme l'entend le rapport sur l'ordonnance de 1825, aurait mieux valu que la nomination que vous avez faite, vous... — Ce n'est pas vous, Monseigneur, que nous rendons responsable de ce fait, — la nomination de T..., l'homme de notre paroisse qui manque le plus habituellement aux offices du dimanche.

» L'effet produit n'a pas tardé à se manifester : on a cessé toute quête dans l'église et hors de l'église, parce que personne ou presque personne ne donnait rien (1). »

L'exemple de M. le Préfet fit enfin comprendre à M. Puel qu'il n'est pas permis à un administrateur de ne pas répondre à des lettres concernant son administration, même à des lettres de petites gens, et il répondit à Faget et à Teysseyre. La manière dont il le fit peut inspirer le soupçon qu'il n'avait pas, lui-même, une entière confiance dans les motifs qu'il avait allégués afin d'obtenir la dissolution de la fabrique de Convers. L'obstination qu'il avait mise à refuser de faire connaître ces motifs avait déjà donné lieu à ce soupçon.

La réponse qu'il faisait à Faget et à Teysseyre, il l'adressa à M. C..., celui-ci vint me la lire. Je lui fis l'observation que cela ne me regardait pas ; oh si, me dit-il, voyez ce qui y est écrit : « *Donnez-en communica-* » *tion à Faget et à Teysseyre, et à celui, si vous le connais-* » *sez, qui les dirige dans la misérable campagne qu'ils ont* » *entreprise contre une autorité qu'ils doivent respecter.* »

Je crois que M. Puel n'avait pas le droit d'écrire cette phrase et qu'il ne faisait pas acte de bon administrateur en chargeant M. C... de venir nous la lire.

(1) Ce refus de rien donner à aucune quête manifestait un mécontentement universel, que M. Puel pouvait bien traiter de caprice, mais devant lequel M. C.... devait succomber infailliblement.

Faget et Teysseyre demandèrent qu'il leur fût permis de prendre copie de la lettre de M. Puel; M. C... leur répondit que M. Puel l'avait chargé de la leur lire, mais lui avait défendu de leur en donner copie. Cela révolta leur bon sens, ils écrivirent à M. Puel :

« M. le curé nous a lu la lettre que vous lui avez adressée en réponse à celle que nous avons eu l'honneur de vous écrire au sujet de la dissolution de notre fabrique. Nous n'avons pas l'esprit assez prompt pour comprendre, en une seule lecture, ce que vous nous répondez; nous avons donc demandé à en prendre copie; M. le curé s'y est refusé, nous disant que vous ne le vouliez pas.

« Il y a là certainement un malentendu. Vous voulez sans doute que nous comprissions ce que vous nous écrivez, vous voulez donc que nous puissions le lire, de manière à pouvoir le comprendre. Si vous ne vouliez pas que nous le comprenions, pourquoi nous l'auriez-vous écrit?

» Nous nous adressons donc directement à vous, Monsieur le grand vicaire, avec la confiance entière que vous nous accorderez ce que M. le curé nous a refusé, une copie de votre lettre.

» Dans sa lecture, M. C... a accentué une phrase de manière à nous la faire comprendre; c'est celle où vous dites: *Donnez communication de cette lettre à Faget et à Teysseyre, et à celui, si vous le connaissez, qui les dirige dans la misérable campagne qu'ils ont entreprise contre une autorité qu'ils doivent respecter.*

» Nous n'avons entrepris de campagne contre personne, nous ne faisons que nous défendre. N. S. J.-C., qui est le modèle de la patience, comme de toutes les autres vertus, répondit au soldat qui lui donna un soufflet: *Si j'ai mal parlé, dites-moi en quoi j'ai mal parlé.* Vous nous avez cassés, nous vous avons écrit, *en quoi avons-nous mérité d'être cassés?* Est-ce une misérable campagne contre l'autorité ? »

Faget et Teysseyre ont renouvelé leur demande, répétant toujours : « Si vous voulez que nous comprenions ce que vous nous écrivez, pourquoi ne pas nous le laisser lire de manière à ce que nous puissions le comprendre? Si vous ne voulez pas que nous le comprenions, pourquoi nous l'avoir écrit? » Toujours silence obstiné de la part de M. Puel.

Comment ne pas poser, nous aussi, cette question : Que pouvait vouloir M. Puel en écrivant à Faget et à Teysseyre, ne voulant pas qu'ils pussent se rendre compte de ce qu'il leur écrivait?

A la lecture rapide qui me fut faite de sa lettre, je saisis qu'il y déclarait, quant à l'erreur de droit qu'on lui reprochait, qu'il n'avait pas invoqué l'art. 1er de l'ordonnance de 1825. — Quelle loi ou ordonnance avait-il donc invoquée? — Quant à l'erreur de fait, il déclarait qu'il n'avait pas à se justifier. La persuasion de M. Puel est qu'il ne doit pas se justifier, vu sa qualité de supérieur. Il serait à désirer qu'il en vînt à comprendre que ce n'est pas en se justifiant qu'un supérieur compromet le respect qui lui est dû, mais bien en ne se justifiant pas.

Au reste, Faget et Teysseyre n'avaient pas commis l'indiscrétion de demander que M. Puel se justifiât ; ils avaient demandé seulement, et avec supplication, qu'on leur montrât qu'ils se trompaient en croyant : 1° qu'il n'est pas nécessaire, sous peine de nullité, que les réélections des fabriciens soient inscrites dans les registres ; 2° qu'il n'existe ni loi ni ordonnance autorisant la dissolution d'un conseil de fabrique qui a négligé ses réélections partielles.

C'est ce que ne pouvait pas faire M. Puel, parce qu'il a demandé témérairement la révocation du conseil de fabrique de Convers, révocation que la crainte de bouleverser une des paroisses les plus paisibles du diocèse, le respect dû à un vénérable curé et le respect dû à l'administration ecclésiastique lui faisaient un devoir de ne pas demander, à moins d'y être absolument et évidemment forcé.

Après cet exposé, toujours appuyé de pièces authentiques, qui osera nier que M. Puel a commis, dans l'affaire de la fabrique de Convers, des fautes, une foule de fautes qu'on ne peut expliquer que par sa complaisance pour M. C..., à moins qu'on ne veuille les expliquer par quelque chose de plus offensant ?

III

Voilà ce qui est bien établi : 1° M. Puel a commencé par m'adresser un gros reproche ; 2° il n'a donné aucune preuve des fautes fort graves dont il m'accusait. Il est donc provocateur et accusateur au moins téméraire.

Moi, 1° je me défendais ; 2° ce qui a offensé le plus M. Puel dans ma défense est moins grave que ce qu'il avait mis dans son attaque, car, incontestablement, avoir une complaisance excessive pour un parent ou allié n'est pas chose aussi vilaine que de fomenter la haine d'une paroisse contre son curé ; 3° ce que j'ai dit en me défendant est vrai, je l'ai prouvé surabondamment.

Mais M. Puel est grand vicaire !

Si l'on croyait trouver dans cette observation un argument contre moi, j'en serai très-fâché, parce que ce serait une preuve qu'on se fait une idée tout à fait fausse des droits et des devoirs de l'autorité. Oui, M. Puel est grand vicaire, cela rend ma conduite plus légitime, car ce que nous devons quelquefois supporter, sans mot dire, de la part d'un égal ou d'un inférieur, parce que nous le pouvons avec dignité, nous devons ne pas le supporter de la part d'un supérieur qui a dans sa main les faveurs et les foudres.

Sa qualité de grand vicaire aggrave la conduite de M. Puel en même temps qu'elle rend la mienne plus légitime ; on disait autrefois : *Noblesse oblige*, on doit toujours dire : *Autorité oblige*. Or, la première obligation que l'autorité impose à ceux qui l'exercent, c'est d'être particulièrement polis et réservés dans leurs paroles.

Et pourtant, les choses étant ainsi, M. Puel jugeant avec vous, vous avez pris contre moi une mesure qu'on ne prend jamais que pour des causes graves. Pour prouver ce que je dis, qu'on ne prend la mesure que vous avez prise contre moi que pour des causes graves, je n'ai qu'à vous poser cette question : combien y a-t-il de prêtres du diocèse que vos curés ne puissent pas inviter à prêcher?

Que cela soit donc bien constaté : vous avez pris contre moi une mesure qu'on ne prend pas contre un prêtre sans des motifs graves, *uniquement*, la lettre de M. Caysac qui me signifie la sentence en fait foi, parce que j'ai dit à M. Puel, de moi à lui, sans aucune publicité, dans les circonstances ci-dessus exposées, qu'il a commis, comme administrateur, beaucoup de fautes par complaisance pour M. C...

Malgré la peine très-vive que j'ai éprouvée de votre manière d'agir, mon cœur s'est élevé facilement vers Dieu, avec un sentiment de reconnaissance; je lui ai rendu des actions de grâces de ce qu'il n'a pas permis que, durant le temps où ma carrière pouvait être brisée et ma réputation compromise par une mesure prise à la façon de la vôtre, je fisse la rencontre d'un supérieur qui aurait entendu le devoir du respect mutuel qui nous oblige les uns à l'égard des autres, comme l'entend M. Puel.

Vous nous avez dit avec une grande solennité que *les temps sont mauvais* (1), *l'autorité n'est pas respectée, on juge, on critique, on condamne même ses actes.* Une des conclusions qu'il faut en tirer, c'est que l'autorité doit être plus précautionnée, doit éviter avec plus de soin d'avoir tort et même d'en avoir l'apparence.

N'avez-vous pas craint de paraître faire un acte de vengeance en faisant contre moi ce que vous avez fait?

Il vous est évident, m'écrit M. Puel, non-seulement que j'entretiens en moi un sentiment de rancune contre M. C..., mais encore que je fomente ce sentiment dans les autres, et si vous me punissez, c'est parce que j'ai dit à M. Puel qu'il a commis des fautes, comme administrateur. Votre manière d'apprécier la gravité des péchés peut troubler les idées généralement reçues.

Il était donc bien urgent que le manque de respect dont vous me croyez coupable à l'égard de l'un de vous fût vengé ! Le pouvoir que vous exercez est provisoire, il doit se borner à ce qui est nécessaire pour le moment, à ce qui est *urgent.* Pourquoi tant vous presser à agir contre moi? à faire un acte qu'il est dans la nature humaine, dans la bonne nature, de différer autant que possible? Pourquoi ne pas attendre l'arrivée prochaine de Mgr l'Archevêque? N'avez-vous jamais entendu faire l'observation qu'un des caractères qui distinguent la justice de la passion, c'est que la justice va lentement et que la passion se précipite?

A la fin de la lettre que vous avez voulu punir à la hâte, je disais à M. Puel : *Nous aurons un juge qui, avant de juger, voudra connaître, entendre le pour et le contre ;*

(1) Mandement des vicaires capitulaires.

je vous porterai le défi de citer devant lui un fait qui puisse justifier votre lettre.

Que de raisons vous aviez pour remettre au juge que j'invoquais la décision de mon affaire, dans laquelle vous deviez craindre que votre impartialité ne fût soupçonnée, à moins que vous ne vous croyiez à l'abri de tous les soupçons mauvais!

I

« Voici maintenant ce qui a suivi mon mémoire.

Deux jours après que je l'eus envoyé, je reçus de M. Caysac une lettre où il me disait : « Au moment où je voulais vous écrire, je reçois la lettre que vous m'avez adressée; il paraît que c'est un mémoire relatif à vos affaires avec l'administration, je ne sais pas ce qu'il renferme, je ne l'ai pas lu; mais s'il n'était pas dans les formes convenables, j'en serai d'autant plus peiné, que j'allais vous écrire pour vous exprimer mon contentement et vous féliciter de votre soumission à ma dernière lettre.

» Je lirai votre mémoire, mais si j'ai à craindre qu'il soulève quelque tempête, je ne le communiquerai pas. »

« Recevez... »

Cette dernière phrase contient bien des choses, je vous prie de la sonder un peu, je crois qu'elle donne le véritable mot de mon affaire.

D'où M. Caysac pense-t-il que peuvent naître les tempêtes qu'il craint? Il est sûr de les éviter en ne communiquant pas mon mémoire; il a pourtant le juste sentiment du respect qui est dû à l'autorité, et n'est pas disposé à souffrir qu'on y manque. Pour parler comme il le fait, il faut qu'il sache que dans un de ses collègues existe un sentiment dont il est exempt, lui, sentiment qui a besoin d'être ménagé, parce que facilement il éclate en tempêtes. Puisque je ne m'adresse qu'à des amis, je mets de côté la périphrase : M. Caysac craint le caractère trop susceptible et trop irritable de l'un de ses deux collègues.

Quoique je n'ignore pas combien elles sont dangereuses, je crois ne devoir pas reculer devant les tempêtes dont j'étais menacé, quand ma dignité est engagée. Je répondis à M. Caysac : « Mon mémoire est pour tout le Conseil. » — Il ne m'en a été plus dit un mot.

En ce temps, je suivais une épreuve; je voulais savoir, d'une manière certaine, si l'administration ferait confidence à M. C... de la mesure qu'elle avait prise contre moi. Quel soupçon, allez-vous dire ! Cette confidence ne pouvait qu'exciter M. C... dans la guerre où il ne mettait que trop d'ardeur. Une administration ne peut pas commettre pareille faute. Ces réflexions sont justes, néanmoins ma prévision se réalisa, et je pus bientôt écrire à M. Caysac; « M. C... a su que vous m'avez défendu de prêcher et de confesser dans le diocèse, il l'a dit devant des témoins non suspects qui me l'ont rapporté et qui vous le rapporteront si vous voulez; il n'a pu le savoir que par l'administration, puisque j'ai gardé, moi, le silence le plus entier là-dessus, absolument à l'égard de tout le monde. Voudriez-vous me dire les raisons que l'administration a eues de rendre publique la mesure prise contre moi, car évidemment elle a voulu la rendre publique en la faisant connaître à M. C... ?»

M. Caysac me répondit, le 4 mai 1876 : « Je ne sais par qui M. C... a connu la mesure prise contre vous, je sais que ce n'est pas par moi, je regrette que M. C... l'ait divulguée, mais il est probable qu'on ne l'avait pas invité à la tenir secrète. »

Une chose regrettable, d'après M. Caysac, avait été commise. Qui était le coupable? ce n'était pas M. C..., on ne l'avait pas même invité à tenir secrète la confidence qu'on avait eu la complaisance de lui faire.

J'essayai une autre épreuve : j'avais demandé à M. Caysac comment il lui était devenu évident que je fomentais contre M. C... la haine dans les autres, il m'avait répondu : *Oh ! à moi, on m'a peu parlé des affaires de Convers ;* il avait ainsi repoussé la solidarité que M. Puel lui attribuait en m'écrivant : Cela *nous* est évident. Je voulus constater jusqu'où M. Puel pousse le mépris du droit de la défense, et je lui écrivis pour lui demander les preuves de son accusation. Je lui disais que tout homme de conscience, tout homme d'honneur se fait un devoir de n'accuser personne sans donner des preuves ; que, s'il fallait croire qu'un grand vicaire est exempt de ce devoir, on ne pourrait pas s'empêcher d'éprouver un vif sentiment de pitié pour les prêtres mis à la merci d'un supérieur qui n'aurait aucun compte à rendre de ses paroles ni de ses actes. Il me renvoya ma lettre après avoir écrit en marge : *Je prie Dieu d'éclairer M. l'abbé Marty et de redresser sa conscience.*

Dieu, qui connaît nos besoins mieux que nous ne les connaissons nous-mêmes, accorda-t-il à M. Puel la grâce qu'il demandait pour moi? éclaira-t-il son esprit? redressa-t-il sa conscience? Vous allez voir que c'est tout à fait naturellement que cette question est appelée par ce qu'il me reste à raconter.

II

Vous vous souvenez que M. Puel m'avait écrit : « Vous voulez à tout prix vous défaire de votre curé, parce qu'il vous est incommode. L'administration ne cèdera ni à vos exigences, ni aux caprices des mécontents de Convers. » Et voilà que, inopinément, il change M. C..., je me trompe, il le révoque ; il lui enlève sa paroisse sans lui en donner une autre ; il lui écrit que tous ses pouvoirs auront cessé après trois jours ; il ne revient de sa décision que sur les instances de M. le curé de X..., et, ne voulant pas qu'il y ait de disparate dans sa conduite d'administrateur, il donne à M. C... une paroisse toute voisine de Convers, située dans la même commune.

Qu'est-ce qui amena cette révolution?

On parla d'un mort que M. C... avait refusé d'enterrer. Cela avait fait du bruit; mais, l'affaire une fois bien connue, il fut évident que les torts de M. C... étaient peu de chose, si même il en avait aucun. Le mort était de la commune de Rabastens, et il fallait l'enterrer dans la commune de l'Isle. Or, le permis portait *pour la commune de Rabastens*, et le maire n'avait pas voulu changer la formule. Je crois que M. C. aurait dû suivre un usage suivi depuis une cinquantaine d'années, mais M. Puel l'avait trop peu élevé dans le respect et la confiance des usages établis et suivis par mon frère, pour qu'il pût lui faire un reproche de ne s'y être pas conformé en cette circonstance. Le nouveau curé de Convers a demandé à M. Puel ce qu'il devra faire, le même cas se présentant, il lui a été répondu : « Vous consulterez lorsque le cas se présentera. » Cette réponse peut paraître singulière; toujours est-il qu'elle prouve que M. C... ne fut pas très-coupable en prenant le parti qu'il prit, puisque l'autorité ne saura, que sur le moment, le parti qu'il faudra prendre en pareil cas.

Force était de chercher ailleurs le fait nouveau qui avait motivé la révocation d'un curé qui, de l'avis de tous, est fidèle à ses devoirs de prêtre, dont le seul défaut reconnu est d'agir, avec trop d'imprévoyance, sous l'empire du sentiment ou de l'idée du moment, et de ne pas savoir revenir sur ses pas, quand il s'est engagé dans une voie fausse; qui, pour bien faire, n'aurait eu besoin que d'une bonne direction modératrice.

Il ne fallait pas expliquer seulement par quoi M. C... avait mérité d'être révoqué, mais encore pourquoi les vicaires capitulaires avaient exercé cet acte odieux et exorbitant de pouvoir, et n'en avaient pas laissé la responsabilité à Mgr l'archevêque qui allait arriver. On trouvait encore ici le caractère de la passion, que nous avons signalé, la précipitation.

On se mit à redire une histoire, qui, il y avait quelques mois, avait égayé le pays : M. C... avait cherché, chez les propriétaires de Saurs, du bon vin blanc ; il le lui fallait de première qualité, répétait-il à tous, parce qu'il voulait en faire un cadeau à M. Puel, grand vicaire ; il trouva enfin ce qu'il désirait et conclut marché. Il devait faire emporter bientôt son vin choisi. Une difficulté survint : vous vous souvenez du bruit qui courut de l'opposition que faisaient certains membres du clergé à la préconisation de Mgr Ramadié ; quand il fut sûr que cette opposition, à laquelle il croyait, n'aurait pas de succès, M. C... fut ému, pour son cadeau ; il alla chez le propriétaire avec qui il avait conclu marché, et lui dit : Je ne puis pas prendre votre vin. — Et pourquoi ? reprit l'autre, le marché est conclu. M. C... insista, et voici le motif qu'il exprima : « Je vous avais dit que je voulais faire un cadeau à M. Puel, de votre vin blanc. Mais M. Puel va cesser d'être grand vicaire. Nous avons un nouvel archevêque ; les grands vicaires actuels lui ont fait opposition, à coup sûr, il ne les gardera pas. » Le propriétaire et sa femme mécontents ne gardèrent pas secret ce que M. C... leur avait fait, ni ce qu'il leur avait dit.

Quelques jours avant l'exécution de M. C..., un curé, qui savait cette histoire dans tous ses détails et de première main, avait été mis dans la nécessité de la raconter devant les grands vicaires, M. Puel s'en était montré très-irrité. Il pouvait trouver que, mêler de la sorte, publiquement, son nom et sa haute position dans un marché de vin et dans des bruits de nature à compromettre son avenir, était, envers son supérieur, un manque de respect plus grave que ma phrase, où je lui disais, de moi à lui seulement, qu'il avait commis des fautes, comme administrateur, et pour laquelle cependant il m'avait interdit de prêcher et de confesser ; ses collègues, sans doute, cédant à sa volonté, par crainte de quelqu'une de ces tempêtes dont me parlait M. Caysac.

Toutefois, je ne dois pas taire que M. C..., à qui quelques amis demandaient si l'affaire du vin blanc n'était pas la cause de ses malheurs, répondit : Bah, M. Puel m'a à peine parlé de cela au milieu des reproches sans nombre qu'il m'adressait; il me disait que j'avais eu tort *toujours et en tout.*

Ce qui reste certain, c'est que, avant de connaître cette histoire qui rendait publique l'intention bien arrêtée de M. C... de ne donner du vin blanc qu'au grand vicaire protecteur, M. Puel était convaincu que les habitants de Convers ne pouvaient être mécontents de leur curé que par caprice ou parce que je fomentais leur haine; que toutes leurs plaintes devaient être tenues absolument comme non avenues; qu'il n'y avait pas même lieu d'y faire aucune réponse.

Tant qu'ait été changé M. Puel à l'égard de M. C..., il ne l'a pas été du tout à mon égard. Il n'est pas revenu sur la défense qu'il m'a faite de prêcher et de confesser dans le diocèse, il a au contraire jugé qu'il est expédient de la maintenir. Il continue à dédaigner de donner les preuves de ses accusations, et à penser que si j'ai eu l'audace de les lui demander, ça été par une aberration telle qu'il n'y a qu'à prier Dieu de m'éclairer et de redresser ma conscience. Il n'a rien retiré de sa lettre, où il me demandait si mon frère n'avait pas eu à se plaindre de moi, alors que mon frère venait de mourir. Encore à ce souvenir le sang me bout un peu, et vraiment je trouve que j'ai été bien patient en cette occasion.

III.

J'avais envoyé mon mémoire à Mgr l'archevèque ; dès que je pus penser qu'il aurait du loisir pour s'occuper de mon affaire, j'allais le prier de vouloir être juge dans l'accusation que M. Puel avait portée contre moi. Malgré mon insistance, Mgr l'archevêque persista à me répondre qu'il ne voulait pas juger les actes de M. Puel, antérieurs à son administration ; mais il me dit : « Ecrivez-moi et demandez-moi les pouvoirs de prêcher et de confesser, sans dire un mot de ce qui s'est passé. » J'étais loin d'être satisfait de cet arrangement ; ce que je désirais surtout obtenir, c'était que M. Puel eût à rendre compte, en ma présence, de la lettre qu'il m'a écrite.

Je crus, cependant, que, ne pas suivre le conseil que Monseigneur m'avait donné, serait me montrer peu reconnaissant de la bonté et de la gracieuseté qu'il m'avait témoignées en me le donnant, et, deux ou trois mois écoulés, je lui écrivis selon qu'il me l'avait conseillé. Il ne me vint pas un doute sur la réponse. Le conseil donné me paraissait être un engagement pris. Pourtant, si j'y avais réfléchi, j'aurais pu penser que, ma demande étant portée devant MM. les grands vicaires, Mgr l'archevêque rencontrerait contre son bon désir, dont je ne pouvais pas douter, une opiniâtreté de résistance telle qu'il pourrait juger expédient de ne pas la briser avec autorité. En effet, je reçus la réponse que voici : « Vous avez sollicité, de la bonté de Monseigneur, la faculté de prêcher et de confesser dans le diocèse.

» Ce pouvoir essentiellement gracieux, dont vous avez joui sous l'administration de Mgr Lyonnet, vous a été retiré pendant la vacance du siége.

» L'administration actuelle regrette de ne pas pouvoir

vous l'accorder de nouveau, ne jugeant pas qu'il soit expédient de revenir sur la décision prise en dernier lieu.

» Recevez,

» DOUGADOS, *v.-g.*

» Albi, 15 décembre 1876. »

J'éprouvai tout d'abord un très-vif regret de m'être attiré ce refus, et je tiens beaucoup à ce que mes amis sachent pourquoi je me le suis attiré.

Voilà comment il m'a été défendu de prêcher et de confesser dans le diocèse, comment cette défense a été rendue publique, et comment elle a été maintenue.

IV

Je ne veux pas occuper le *public* de mes affaires, j'ai trop la conscience du peu que je suis pour croire qu'il puisse s'y intéresser. On ne verra, nulle part, affiché le récit qui précède; on ne le trouvera dans aucun magasin; aucune personne qui me soit étrangère ne le recevra de moi. Je l'ai fait imprimer pour le donner à MM. les curés qui, ne sachant pas que la chaire m'est interdite dans le diocèse, m'inviteront à prêcher. Refuser sans dire de motif serait désobligeant; répondre simplement que l'administration m'a interdit de prêcher, me serait pénible; ajouter les motifs et fournir les pièces à l'appui, serait long, difficile et ennuyeux. Je donnerai aussi ce mémoire à mes amis qui, sachant la défense qui m'a été faite, ont droit d'en savoir la cause. Je me suis aperçu de la contrainte de quelques-uns d'entre eux qui hésitaient à me parler de cela, par la crainte de m'être désagréable; aucun n'hésitera, par une crainte semblable, à me demander *ma communication à mes amis.*

Je ne pense pas qu'on trouve que ce soit exagérer le droit que j'ai de défendre ma réputation et l'estime que m'ont accordée des personnes qui me sont chères.

Mais on me dira peut-être : « La publicité dépassera le cercle que vous indiquez. Vous ne pouvez pas ignorer ce que devient d'ordinaire *un imprimé confidentiel*. Ne craignez-vous pas de faire du scandale? »

Je réponds : Ne faisons pas du mot *scandale* un fantôme derrière lequel, comme derrière d'autres fantômes, se cacheraient une foule d'abus. Qu'est-ce que le scandale qu'il faut éviter? *C'est une occasion de ruine spirituelle donnée à son prochain, sans motif légitime.* Je laisse le motif légitime que j'ai de faire ce que je fais. Voyons de quelle ruine spirituelle, de quel mal, de quelle faute je puis être l'occasion.

Il y aura des gens qui trouveront que j'ai été trop peu endurant à l'égard d'un grand vicaire; or, un prêtre en se faisant attribuer des torts, n'importe de quelle nature, peut fort bien être une occasion de ruine spirituelle pour les faibles. Oui, mais la défense qui m'a été faite de prêcher a été rendue publique; par ce fait seul, qui n'est pas le mien, il est inévitable que beaucoup de personnes m'attribuent quelques torts, car on a beau appeler *gracieux* le pouvoir de prêcher, il n'en demeure pas moins établi dans l'opinion publique, que l'autorité ne le retire pas à un prêtre sans des motifs qui ne sont pas honorables pour ce prêtre. Eh bien, le tort d'avoir répondu comme je l'ai fait à M. Puel est, de tous les torts qui peuvent m'être attribués, celui qui me paraît le moindre. D'ailleurs, il ne faut pas considérer les choses par un seul côté, je suis convaincu que, si quelques-uns me blâment, on trouvera généralement que j'ai bien fait.

Quand M. Puel, grand vicaire, m'a enlevé le pouvoir de prêcher, il en avait le droit; aussi je me suis soumis, si bien que j'ai mérité les félicitations de M. Caysac. Mais quand il m'a écrit, d'une manière injurieuse et m'a accusé sans donner une preuve, de fautes graves, il n'en avait pas le droit évidemment; comment donc aurais-je eu tort en protestant avec énergie? Quiconque a le sentiment juste de ce qui fait la dignité du caractère, trouvera que ma protestation était plus légitime et plus nécessaire, précisément parce que j'avais affaire avec un supérieur.

Ce qui est certain, c'est que l'interdit que MM. les vicaires capitulaires ont prononcé contre moi cesse complétement de m'être pénible, dès que les motifs en sont connus. Pourquoi devrais-je m'imposer le sacrifice énorme de ne pas faire connaître ces motifs, au moins à mes amis dont l'estime m'intéresse au plus haut degré? Mettra-t-on en avant le scandale, parce que mon exemple pourrait encourager quelques-uns de mes confrères à faire comme moi dans les mêmes circonstances ? Mais ce serait d'un bien et non d'un mal que j'aurais été l'occasion ? Lorsqu'un grand vicaire inexpérimenté, troublé par son pouvoir nouveau et inopiné, dépasse un peu trop ses droits et les convenances, comment ne serait-ce pas un bien de l'en faire apercevoir?

Voici le reproche le plus spécieux que j'ai à craindre. On me dira sans doute : Il ressort de votre récit qu'il arrive que, dans l'administration ecclésiastique, les personnes et les affaires sont traitées fort lestement; la conséquence inévitable sera que les actes et les jugements de l'autorité seront moins respectés. Ne serez-vous pas responsable de cette conséquence?

Je réponds : La publicité que je donne à certains actes et à certaines lettres qui prouvent que dans l'administration ecclésiastique les personnes et les affaires sont quelquefois traitées fort lestement, aura pour première conséquence que l'administration ecclésiastique évitera plus soigneusement de commettre de pareils actes et de pareilles lettres. C'est un bien incontestable et un très-grand bien, car ce que nous devons désirer le plus, dans l'intérêt de l'autorité, c'est que ceux qui l'exerçent la respectent.

La seconde conséquence sera que beaucoup de personnes seront portées à moins respecter les actes et les décisions de l'administration ecclésiastique. Oui, je l'avoue, mais je n'avoue pas que ce soit un mal, car je suis très-vivement convaincu que le respect, sous ce rapport, s'étend beaucoup trop loin.

Je croirais avoir fait une bonne œuvre, si j'avais contribué à empêcher qu'un prêtre soit perdu dans l'opinion publique par le fait seul qu'il a été condamné dans un évêché.

Pourquoi oublie-t-on, dans ce cas, que le pouvoir développe, chez celui qui l'exerce, plus facilement l'orgueil que la vertu, que l'homme, par l'habitude de commander et d'être flatté, en vient souvent à penser qu'on lui doit ce respect *de n'examiner rien après qu'il l'a voulu*?

Si c'était un scandale de faire croire que les évêques peuvent mal juger et en effet jugent mal plus d'une fois, il n'y aurait rien d'aussi scandaleux que les conciles, qui ont multiplié, à l'infini, les garanties des clercs contre l'arbitraire épiscopal.

Je ne crains pas de dire qu'on va contre l'esprit de l'église, contre l'intérêt des gouvernés, contre l'intérêt des gouvernants et contre la vérité, quand on s'efforce trop de dissimuler que, dans le gouvernement de leur église, les évêques sont sujets à l'erreur et aux passions mauvaises.

Quoique telle soit ma conviction, ma conviction bien ferme, je suis heureux de ce que je n'ai à me défendre que contre un grand vicaire qui n'est placé au-dessus de moi, par aucun caractère sacré, qui n'a qu'une autorité, une supériorité d'emprunt, que lui a donnée un acte de volonté épiscopale et qu'un acte de même nature peut lui enlever.

L. MARTY.

Toulouse, Impr. Louis et Jean-Matthieu Douladoure.

www.ingramcontent.com/pod-product-compliance
Ingram Content Group UK Ltd.
Pitfield, Milton Keynes, MK11 3LW, UK
UKHW021212230726
13926UKWH00001B/482